CATALOGUE
D'ESTAMPES
ANCIENNES

PAR ET D'APRÈS

DES PEINTRES ET PAR DES GRAVEURS DES ÉCOLES D'ITALIE DU XVIe AU
XVIIIe SIÈCLE, ET DE L'ÉCOLE FRANÇAISE DU XVIIe AU XIXe SIÈCLE

DESSINS
D'UN VOYAGE EN FRANCE

Par des Artistes et Architectes de la fin du XVIIIe siècle

DE LA COLLECTION DE M. P. D.

SIXIÈME PARTIE

DONT LA VENTE AURA LIEU

HOTEL DES VENTES, RUE DROUOT, 5

SALLE N° 3

Les Lundi 6, Mardi 7 et Mercredi 8 Février 1860

A UNE HEURE

Par le ministère de Me **DELBERGUE-CORMONT**, Cre-Priseur,
rue de Provence, 8,
Assisté de M. **CLEMENT**, marchand d'Estampes,
rue des Saints-Pères, 3,
CHEZ LESQUELS SE DISTRIBUE LE PRÉSENT CATALOGUE.

EXPOSITION PUBLIQUE

Le Dimanche 5 Février 1860, de 1 heure à 5 heures.

PARIS
RENOU ET MAULDE
IMPRIMEURS DE LA COMPAGNIE DES COMMISSAIRES-PRISEURS
Rue de Rivoli, 144.

1860

CATALOGUE
D'ESTAMPES
ANCIENNES

PAR ET D'APRÈS

DES PEINTRES ET PAR DES GRAVEURS DES ÉCOLES D'ITALIE DU XVIe AU
XVIIIe SIÈCLE, ET DE L'ÉCOLE FRANÇAISE DU XVIIe AU XIXe SIÈCLE

DESSINS
D'UN VOYAGE EN FRANCE

Par des Artistes et Architectes de la fin du XVIIIe siècle

DE LA COLLECTION DE M. P. D.

SIXIÈME PARTIE

DONT LA VENTE AURA LIEU

HOTEL DES VENTES, RUE DROUOT, 5
SALLE N° 3

Les Lundi 6, Mardi 7 et Mercredi 8 Février 1860

A UNE HEURE

Par le ministère de Me **DELBERGUE-CORMONT**, Cre-Priseur,
rue de Provence, 8,

Assisté de M. **CLEMENT**, marchand d'Estampes,
rue des Saints-Pères, 3,

CHEZ LESQUELS SE DISTRIBUE LE PRÉSENT CATALOGUE.

EXPOSITION PUBLIQUE
Le Dimanche 5 Février 1860, de 1 heure à 5 heures.

—

1860

ORDRE DES VACATIONS

PREMIÈRE VACATION.

Lundi, 6 février........Nos 1 à 200
Supplément. 670 à 720

DEUXIÈME VACATION.

Mardi, 7 février........Nos 201 à 420
Supplément. 721 à 750

TROISIÈME VACATION.

Mercredi, 8 février........Nos 421 à 669

CONDITIONS DE LA VENTE

Au Comptant.

Cinq pour cent payés par les Acquéreurs.

DÉSIGNATION
DES ESTAMPES

ESTAMPES

Par des Peintres et Graveurs Italiens.

1 **Vieux maître italien.** Saint Jérôme, dans le goût de Baldini. Collect. de M. Robert-Dumesnil. — 1.25 Rochoux
2 — L'Atelier de forgeron. Pièce marquée d'un monogramme F. G. Belle épreuve. — 1.50 Cl.
3 **Albane.** Salmacis et Hermaphrodite, par Dorigny. — 1.
4 **Amiconi.** La Famille Royale de Portugal, par Joseph Flipart. — 4. Cl.
5 **André del Sarte.** La Madone au sac, gravé par F. Bartolozzi. Épr. avant la lettre. — 3.25
6 **Aquila** (Pierre). La Vierge, dite au Pistolet, d'ap. C. Maratte. — 1.
7 **Bandinelli** (Baccio). Le Massacre des Innocents et l'Atelier de Bandinelli. 2 p. par Ravenne et Vico. — 5. Cl.
8 — Le Martyr de saint Laurent, gravé par Marc-Antoine, original et copie. — 2.75

— 4 —

12 Cl.   9 **Baroche** (Frédéric). Le Pardon de saint François. Très-belle épr.; pièce à l'eau-forte, la plus capitale du maître.

10 — D'ap. Baroche. Mise au Tombeau et saint François. 2 p. par Villamena et Ph. Thomassin.

11 **Beatricet** (Nicolas). Statue de Marc-Aurèle.

3 Cl.   12 **Becafumi**. Le Sacrifice d'Abraham. Camaïeux. Fragments du pavé de Sienne.

2.50   13 **Bella** (Della). Les Aigles, 6 p. Diverses Figures et Paysages, 8 p. Belles épr.

2.75   14 — Saint Prosper, Marines, Paysages et les Saisons, petites Figures militaires, etc. 27 p.

4 Loiselet   15 **Bolognèse** (Grimaldi dit le). Paysages. 9 p. par et d'ap. ce maître.

2 Laluyé   16 **Bonasone**. Judith, d'ap. Michel-Ange. Belle épreuve.

3.15   17 — Mercure et les Filles d'Aglaure (112). La Déesse Flore (111). Un Jeune homme combattant un monstre marin (178). 3 p.

1.15   18 — La Vierge près du corps mort de Jésus. Belle pièce d'ap. Raphaël.
19 — Sainte Famille en Égypte, d'ap. Raphaël.

4.75   20 — Le Cheval de Troye, d'ap. le Primatice. Très-belles épr.

Loi. 3.50   21 — Saint Georges et le Dragon, d'ap. J. Romain. Femmes dans un Jardin. 2 p.

Loisly 2.50   22 — Bataille de Constantin, d'ap. Raphaël (84). 1er état.

13 Loiselet   23 — Clélie (83), Medée et Jason (98), Alexandre et Roxelane (100), etc. 7 p.

3.75 Dromond   24 — Muse, Léda, une pièce des Amours des Dieux, etc. 6 p.

25 **Bresse** (Jean de). Hercule et Anthée. Epr. tirée sur peau de vélin. — 4 cl.

26 **Camaïeux**. Saint Paul, la Pêche miraculeuse, la Vierge au Temple. 3 p. par Hugo da Carpi et André Andreani. — 9 Loiselet

27 — Clelie, Martyr de saint Pierre, etc. 3 p. par Andreani, Ant. de Trente et Nicolas Vicentini.

28 — 7 pièces, d'ap. Raphaël et autres.

29 **Canova** (Ant.). Statue de l'empereur Napoléon, épr. avant la lettre. Vénus et l'Amour. 3 p. — 2

30 **Carrache** (Annibal). La Nativité (2), copie. Ecce Homo (3), avant l'adresse de N. Van Aelst. Saint Jérome (13) et la Magdeleine (16). 4 p. — 1.25

31 — Jésus et la Samaritaine (52). La Vierge à l'écuelle et trois copies. — 1.25

32 **Carrache** (d'ap. Annibal). Christ en Croix et Assomption de la Vierge. 3 pièces gravées par Rosaspina et Blocmaërt.

33 **Carrache** (Augustin). Portrait du Titien et les Apôtres. Quinze pièces avant les planches séparées. — 1.25

34 — Enée sauvant son père Anchise, Vierge et saint Jérôme, Vierge et Enfant Jésus, Christ mort, Mariage de sainte Catherine. Cinq pièces d'ap. le Baroche, Corrège et Paul Véronèse. — 1.75

35 — Le Martyre de sainte Justine, grande estampe de deux morceaux, d'ap. Paul Véronèse. Belle épr. — 2 Danlos

36 — Le Vieillard et la Courtisane. Pièce libre (114) et la copie. — 11 Loiselet

37 — L'Amour réciproque (119). Deux épreuves. — 4

— 6 —

24   38 — Les petites Lascives du Carrache, nos 123 et la copie, 125, 126, 130, 131, 133, copie, 135. Onze pièces rares.

4.50 Cl.   39 — Christ mort, les deux Scènes de théâtre, l'Éventail, etc. 7 p.

4.50 Laluyé   40 **Caraglio**. Mariage de la Vierge, la Pentecôte, la Bataille, etc. 6 p.

3.50 Laluyé   41 — Ixion embrassant un nuage qui avait la forme de Junon. Rare.

2.50 Guichardot   42 **Carpioni**. Sainte Famille. Belle épr. du 1er état avant l'adresse de Cadorin.

10 Loiselet   43 **Cherubin Albert**. Sujets divers, d'ap. Polidor et autres. Trente-six pièces, belles épr., plusieurs avant la lettre et avant les numéros.

1.75   44 — Adoration des bergers, Vierge sur un croissant. Deux pièces, belles épr.

3.25 Daulos   45 **Dominiquin** (Zampieri, dit le). Les quatre Évangélistes, pendentifs, gravés par N. Dorigny.

4.   46 — La Justice, la Prudence, la Tempérance et la Force.
Quatre pendentifs, gravés par Jacques Frey.

2.50   47 — Esther et Assuérus, Judith, David dansant devant l'Arche, etc. Quatre pièces par Audran.

3.50   48 — Sainte Cécile, Concert d'anges, Saint Jérôme, les Évangélistes, le Concert, le Possédé. 10 p.

1.25   49 — Les Vertus. Cinq pièces, le Denier de César.

7.50 Loiselet   50 **Ecole de Fontainebleau**. Adam et Ève, Nymphes au bain, Plafond, etc. Cinq pièces, par Léon Daven et des anonymes.

29 Cl.   51 — Diane, Cérémonie nuptiale, Chasse au sanglier, Galatée. 4 p.

— 7 —

52 — Sujets divers. Diane, Enlèvement d'Hélène, Enée sauvant son père Anchise de l'embrasement de Troye. 1er état. 6 p. — 5.50 *Loiselet*

53 — Alexandre domptant Bucéphale, par *Léon Daven*, d'ap. le Primatice. Collec. H. de la Salle. — 3.50

54 — Mars et Junon. Anonyme. — 5.50

✗ 55 — Orphée et divers Paysages. 5 p. — 15 *Cl.*

56 — Six pièces de l'école de Fontainebleau. — 4.25 *Loi.*

57 **Franco** (Baptista). Le Frappement du Rocher avant le nom, et Jésus au milieu des Docteurs. Deux épr., une avant *Franco for.* — 1.50

58 — Christ mort (25), Diane et ses Nymphes (46). 2 p. — 1.25

59 — Le Festin des dieux, d'ap. J. Romain. Grande estampe de quatre feuilles. — 2

60 **Farinati** (Horace). Mise au tombeau, d'ap. Paul Farinati. — 1

61 **Galleztruzi** (Jean-Baptiste). Bas-reliefs d'ap. l'Antique. 12 p. — 4.75 *Dromond*

62 **Giotto.** Le Couronnement de la Vierge, d'ap. un dessin décoré par G. Vasari. — 3.25 *Dromond*

63 **Goya** (François). Philippe III et sa femme, Philippe IV et sa femme. Quatre portraits équestres. F. Borgia quittant sa famille pour entrer dans la Compagnie de Jésus. Bacchanale, d'ap. Vélasquez. 6 p. — 17 *d. A. cl.*

64 **Guide** (Guido-Reni, dit le). Anges peints à fresque dans la loge des jardins du palais Mazarin, au mont Quirinal. Dix pièces gravées par Cesio. — 8.50 *Loiselet*

65 — Christ au Jardin des Oliviers, Christ au roseau, la Charité et Bacchus. 4 p. — 3.50

66 — Christ en croix, par J. Chéreau. *1.50*

67 — Judith, Naissance de la Vierge, les Pères de l'Église, Pyrame et Thisbé. Quatre pièces par Frey, Dupuis, Vangelisty, etc. *2.25*

68 — Quatorze pièces à l'eau-forte; plusieurs par Sirani, Lolli, etc. *3.50*

69 **Jules Romain**. Bataille, frise de quatre feuilles, d'après les peintures au palais du T. à Mantoue. *4.50*

70 **Kartarus** (Marius). Le Jugement dernier. *1*

71 **Lanfranc** (Jean). Les quatre Évangélistes pendentifs dans l'église de la Société de Jésus, à Naples. Quatre pièces gravées par Roullet et Louvemont. *2.25*

72 Le Triomphe de Trajan, eau-forte de Lanfranc. Deux études de plafonds.

73 **Lanfranc**. Saint Augustin et saint Guillaume, et les Apôtres. 2 p. *1.25*

74 **Léoni** dit **le Padouan** (Octave). Son Portrait et ceux de Marin, Simon Vouet, Bracciani, Pomerance, Guerchin, le Bernin, etc. Quatorze portraits. Belles épr. *16. Cl.*

75 **Londonio**. Études d'animaux. 6 p. *1.75*

76 **Maître au Dé**. Tapisseries du Pape, etc. Huit pièces, d'ap. Raphaël. *3*

76 bis — Histoire d'Apollon et Daphné. 4 p. Belles ép. *2.25*

77 — Cérès, Apollon et Marsias, Énée sauvant son père Anchise, Bataille, etc. 7. p. *3.*

78 **Mantegne** (André). La Sépulture (3), Fragment du n° 11 et Fragment de l'Adoration des Rois, de Robetta. *3* — *Gigoux*

79 — Hercule et Anthée (16).   3.25 / 18 gigoux

80 — Bacchanale au Silène (20). Belle pièce de la collec. Debois.

81 — Soldats portant des trophées (13), Répétitions (14) 2 p.   4 Laluyé / 6 cl. / 1 Drouin

— Un double du n° 14.

82 **Mantuan** (Adam, Georges et Diana Ghisi dit les). Dix pièces, sujets sacrés et profanes.   9 Loiselet

— Huit pièces des mêmes.

83 — La Femme adultère, d'ap. Raphaël, par Diana Mantuan, les Argonautes, par J.-B. Mantuan. 2 p. Belles épr.   1.75

84 — Le Songe, gravé par Mantuan, d'ap. Raphaël.   6

[85 — Céphale et Procris, par G. Mantuan; les Enfants de Niobé, par N. Beatricet. Deux pièces d'après Raphaël.   4

86 — Le Festin des Dieux, d'ap. J. Romain, par Diana Mantuan.

87 **Marc-Antoine Raimondi**. Adam et Ève (1) et la copie, avec les mots Michel Angel et le monogramme NF.   3.

88 — La Reine de Saba et le Parnasse. Deux pièces d'ap. Raphaël.   3 gigoux

89 — Le Massacre des Innocents. 2e planche et deux copies.   2.75

90 — Martyre de sainte Félicité. Très-belle épreuve, manque de conservation.   15 gigoux

91 — La même estampe.   2,50

92 — Saint Thomas. Belle épreuve. Et deux petits Saints, n° 129.   2

1

93 — Vierge (639), saint Christophe (641). Deux pièces. Copies d'estampes en bois d'Albert Durer.

3.25

94 — David et Goliath, avant la retouche, Joseph et Putiphar, la Vierge au bras nu et la copie, la Vierge au poisson et saint Michel ; cette dernière par Marc de Ravenne.

95 — Descente de Croix, copie B, sainte Cecile, Vierge et Enfant Jésus sur des nuées, Vierge au poisson, Vierge au berceau, Galatée, etc. Douze pièces d'ap. Raphaël. Copies d'estampes de Marc-Antoine.

1.50

96 — Les Apôtres. 10 p.

1.25

97 — Les Apôtres, par Marc de Ravenne (79 à 91).

1

98 — Saint Paul prêchant à Ephèse. Épr. avant la retouche et la copie.

4.50

99 — Le Parnasse et la copie. Deux pièces d'ap. Raphaël.

100 — Le Triomphe d'apr. Manteigne. Deux pièces, original et copie.

1.25 Rochoux

101 — Suite de bas-reliefs. Six pièces, d'ap. le dessin de Raphaël.

6.50 Pelletier

102 — Les Muses, 266, 269, 270, 272, 273, 274, 275, 276, 277. 9 p.

2.50

103 — Danse des Amours (117). Copies A ; autres copies. 5 p.

104 — Scipion, Curtius, Oratius et Tito. 4 p

3

105 — Alexandre faisant serrer les livres d'Homère. Deux copies A et autres en contre-partie.

106 — Le Jugement de Paris. Épr. faible, mais avant la retouche et l'adresse de Salamanca.

— La même avec la retouche et l'adresse.

107 — Le Joueur de guitare. Copie en contre-partie par L. Ciamberlano. On lit au bas les lettres P. S. F. Belle épr. *3.80 cl.*

108 — Le Quos Ego, d'ap. Raphaël. Belle épr. avec Ant. Sal. ex. *2.75*

109 — Le Quos Ego (352) et des morceaux avant la retouche. *3.80*

110 — La Cassolette (490). Deuxième planche et la copie B de la première planche. *8*

111 — Le jeune et vieux Bacchant. Deux épr. L'enlèvement d'Hélène, trois des Vertus, Lucrèce, copie par Enée Vico. 7 p. *3.25*

112 — Minerve, les Grâces, l'Enlèvement d'Hélène, la petite Peste, etc. 8 p.

113 — La petite Vendange. Belles copies. Deux épr., une avec *Ant. Sal. ex.*, l'autre avec l'adresse *Petri Pedrazzani*. Romæ, 1600. *1.75*

114 — Les Pèlerins, d'ap. une estampe de Lucas, de Leyde.

115 — Pan et Syrinx. *2.50*

116 — Les Vertus. Suite de sept estampes, d'ap. Raphaël.

117 — Les Trois Grâces de la loge Ghigi. Belle épr. mal conservée. *1*

118 — Le Jeune homme au brandon.

119 — Les Douze Césars. *1.50*

120 — La même suite. *1.25*

121 **Augustin Vénitien** (de Musis, dit). La Manne, Vénus et Vulcain, Guerrier à la porte d'une ville. — Hercule et Anthée. *2.50*

— 12 —

122 — Sacrifice d'Abraham, Ananie frappé de mort par saint Pierre, Elymas aveuglé par saint Paul, les quatre Évangélistes. 9 p.

123 — Bataille au coutelas et la copie sans marque, le Cimetière, etc. Quatre pièces d'ap. Raphaël.

124 — Sujets de la Fable, bas-reliefs; nos 123, 198 copie; 215, Marche de Silène, petite pièce rare et la copie; 286, 315, 379, 418 et copie; 461, 475. 19 p.

125 **Marc de Ravenne.** Eutellus et Darès, d'ap. Raphaël.

126 **Anonyme de l'école de Marc-Antoine.** Sacrifice, saint Jean, Caïn et Abel, Méléagre, des Femmes apportent les clefs d'une ville à des guerriers, les Horaces et les Curiaces. Six pièces. Belles épr.

127 — Jésus guérissant un aveugle, bas-reliefs, les Enfants de Niobé, etc. 6 p.

128 — Les Noces de Vertumne et Pomone, *J. F. Fiorentini*, Orefi. F. 1542. Pièce libre. Rare.

129 Un Sacrifice, d'ap. Polidore, Bacchus revenant des Indes, etc. Trois pièces. Très-belles épr.

130 — Onze pièces par des graveurs anonymes de l'école de Marc-Antoine.

131 **Maratte** (Carle), 1649. Jésus et la Samaritaine, d'ap. An. Carrache; plus la copie avec changement.

132 — L'Annonciation, la Visitation, la Naissance de Jésus, Adoration des Rois, Sujets de Vierge et son Assomption. Dix pièces à l'eau-forte, dont deux copies, plusieurs sont avant les noms.

133 — Benoit XIII, saint Bernard et Baptême de Jésus, par Frey et Farjat.

134 Michel-Ange Buonarotti. Le Jugement dernier, gravé par George Mantuan. — 8
135 — Conversion de saint Paul, le Jugement dernier. Quatre pièces par Cavalerius et Cunego. — 3.25
136 Mitellus (Joseph) *del et sculp*. Jésus chez le Pharisien, d'ap. Paul Véronèse. — 1.50
137 — La Nativité, d'ap. Nicolo Abbate.
138 Morghen (Raphaël). L'Aurore, d'ap. le Guide. — 14.
139 — Tête d'ange, imprimée en rouge. Rare. Première gravure de notre artiste. — 2.50
140 Murillo. Jeunes Mendiants. Deux pièces de la galerie de Munich.
141 — Saint Ferdinand, roy d'Espagne, la Toilette du Savoyard. — 1.75
142 Penni (Lucas). Nymphes au bain. — 10.
143 Peruzzi (Balthazard). Les Noces de Rebecca, estampe de quatre feuilles. *Gishertus de Veni Ludunensis Battavia sculpsit. Romæ, anno* 1599. — 3.
144 Pesarèse (Cantarini, dit le). Le Quos Ego.
145 Pipoli, *del. fec aqua forti*. Saint Jérôme, saint Grégoire, saint Ambroise, saint Augustin. Quatre pièces d'ap. Ribera. — 1.75
146 Porporati. Le Devoir naturel. — 1.25
147 Raphaël. Massacre des Innocents, Sainte Vierge, Couronnement de la Vierge, Héliodore chassé du temple, Jupiter et Psyché. Cinq pièces par Larmessin, J. Bossi, C. Maratte, Chérubin Albert, etc — 4.50
148 — *Psyches et Amoris nuptiæ*..... Douze pièces, gravées par N. Doriginy. Belles épr. — 16.50
149 — L'École d'Athènes, la Dispute du Saint-Sacrement. Deux pièces de deux feuilles chaque, une gravée par G. Mantuan. — 5

— 14 —

150 — La Visitation, la Femme adultère, Prisonnier romain, Céphale et Procris. Quatre pièces par les Mantuan et N. Beatricet, d'ap. J. Romain et Raphaël.

2 cl. 151 — La Vierge assise tenant l'Enfant Jésus, gravée par Boullanger.

3. 152 — Jésus-Christ guérissant les malades, gravé par Dellaroca.

5.50 153 — Sainte Famille, les Planètes, Lucrèce, Portraits, etc. 31 p.

1.50 154 — Vierge, le Pape Jules II, d'ap. Raphaël.

5.50 155 — Les Cartons d'Hamptomcourt, Vierge au berceau, Vierge au donataire. Six pièces gravées par Poilly, Gribelin, etc.

3.50 156 **Rheinhart**. Paysages à l'eau-forte. 7 pièces.

Guichardot 37. 157 **Ribera dit l'Espagnolet** (Joseph). Christ mort (1), Saint Jérôme (4), Saint Pierre (7), Satyre attaché à un arbre. 4 pièces.

2 158 **Rosaspina** (Franç.). Abraham et les Anges, d'après Louis Carrache.
159 **Salvator Rosa**. La Chute des géants. Les Augures, gravé par Laurentius F., et saint Jean dans le désert, par Browne. 3 p.

5.50 160 — Platon, Diogène, Apollon et la Sibylle, Dieux marins, Soldats, etc. 16 pièces.

1.75 161 **Schiaminosi**. La Magdeleine et trois des apôtres. 4 pièces.

3 162 **Stephanonius F.** Gueux en marche. Belle ép.
163 **Tempeste**. La vie de saint Rôch. 1ᵉʳ état. 27 p.
164 — Été, Chasses, etc. 6 p.

3.50 165 **Tiepolo** fils (Dominique). Assomption de la Vierge, Étude de plafond.

— 15 —

166 **Tintoret** (J. Robusti, dit le). Le Calvaire, Martyre de saint Marc, Marie au temple, d'après le Titien. Camaïeux, par Jackson. 3 pièces. *5 Dromond*
167 — Le grand Calvaire. Copie. *3.50*
168 **Titien** (D'après le). Saint Jérôme, Prométhée, le Flûteur. 3 pièces par C. Cort et Lefèvre. *3. Loiselet*
169 — Adoration des bergers, Miracle des pains, et la Famille Cornaro. 5 pièces. *7.50*
170 — La famille Cornaro, par Baron, en 1732. Moïse sauvé des eaux. 2 pièces.
171 — 18 pièces d'après le Titien, le Tintoret, etc. *5*
171 bis. **Vagner**. Sacrifice d'Abraham, Martyre de sainte Ursule, Jacob et Laban. 3 pièces d'après Pittoni et Maïotto.
172 **Velasquez**. Sainte Famille (Cab. Denon). *2*
173 **Vico** (Enée). Les Centaures et les Lapithes, Vénus et Vulcain, etc. 5 p. *3.50*
173 bis. — Christ au tombeau (7). Belle épr. *1.75*
174 — Cardinal Bembo, Franc. Doni, Henri II, Laura Terracina, Moresini. 5 pièces. *3.*
175 **Villamena** (François). César Baron, saint François, etc. 5 pièces.
176 **Volpato** (Joan). Les quatre Saisons, d'après Maggiotto. 4 pièces. Très-belles épreuves. *4.50*
177 **Zoan Andrea** (D'après). Pièce allégorique. Copie du n° 17. *1*
178 **Zucchero** (Thadeo). Les Noces de Cana, le pape Paul III et Horace Farnèse. 2 pièces par Matham et Prenner.

ÉCOLE D'ITALIE

5 Guichardot   179 **Ecole d'Italie**. Ecce homo, et plusieurs Vierges. 5 pièces anonymes.

4 Guichardot   180 — Vierge, par Biscaïno ; Sujets divers, par del Moro, Fr. Rosa, Sisto Baldolochio, Bartoli, Lazare Baldus, Viani. 10 pièces à l'eau-forte.

2.75   181 — D'après Carrache, Guerchin, Corrège, Guide, etc. 14 p.

182 — Vierges d'après A. Carrache, Cignani, Cosimo, Laurent di Credi, Vues de Venise d'après Canaletti. 11 pièces.

2.25   183 — Six pièces. Titien, Giorgion, dont Clément VI, etc.

4.50   184 — Pordenone, Salviati, Giorgion, Titien, Paul Véronèse. etc. 6 p.

1.75   185 — Conversion de saint Paul, saint Jean prêchant dans le désert, sainte Catherine, sainte Véronique, etc. 7 pièces.

3.   186 — Cignaroli, Carrache, Dominiquin, Polidore, Pietre de Cortonne, etc.

187 — Vue du Colisée à Rome, Temple des Géantz à Pouzolle, Jardin de la villa Pamphile, par D. Barrière. 4 pièces.

188 — Pie VII, saint Vincent, Famille de Naples de 1769 à 1802. 5 pièces.

1.25   189 — Sainte Famille, d'après J. Bellin et Francia, peinture grecque. 3 pièces.

190 — Angelica di Fiesole et Franciabigio. 2 pièces.

191 — Fragments du Jugement dernier de Michel-Ange, Tombeau de Jules de Médicis, et Christ en croix par *Tobias Aquilanus fecit*, 1570. 5 pièces.
192 — Quarante-quatre pièces diverses, in-8.   2.50
193 — Huit pièces d'après Petri, Solimène, Lamberti, Sacchi, X. Rosa, etc.   1.50
194 — Huit pièces.
195 — Caraglio et autres. 19 pièces.   2.25
196 — Paysages par Canaletti, Paul Ferg, Marc Ricci, etc. 7 pièces.   1.
197 — Aug. Carrache, Salvator Rosa, Bonasone, etc. 21 pièces à l'eau-forte.   2.
198 — Martelini, Giorgion, Razzi, Del Garbo, Fuschi, Carpazio, da Festo, etc. 16 pièces.   5
199 — Quatorze pièces diverses. Costumes napolitains.
200 — Jean Belin, Baroche, Bonasone, etc. 14 p.
201 — Augustin Carrache, Carpioni, Pesarèse, Guido Reni, etc. 17 p.   1.50
202 — C. Dolci, Le Guide, Dominiquin, etc. 27 p.   6.
203 — Léonard de Vinci, Londonio, La Bella, Lanfranc, etc. 17 p.   1.50
204 — Ribera, Rotari, Procacini, Polydore, etc. 19 p.   1.50
205 — Marc-Antoine, Augustin Vénitien, les Mantuan, etc. 27 p.   1.
206 Huit pièces, d'après Vasari et par Villamena et Wagner.   2.
207 Onze pièces, d'après tableaux et statues du Musée du Louvre.   4.
208 Les Prophètes, les Patriarches et les Sibylles. 6 p.   3.25
209 Principes de dessin, d'après les plus excellentes statues antiques, dessinés par Jean Volpato et R. Morghin. *Paris, Vallardi,* 1830, gr. in-fol. 36 p.   2

— 18 —

3.25   210 Recueil d'Etudes, comme éléments du dessin, d'après l'antique, Raphaël et Michel-Ange, en 38 planches gravées par Thomas Piroli, en 1801. *Rome*, in-fol.

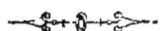

ESTAMPES GRAVÉES

D'après les Tableaux de la Galerie de Florence et du Palais Pitti.

1.50   211 Judith, l'Annonciation. 2 pièces d'après Allori, avant la lettre. Chine.

4.25   212 Christ mort, Allégorie, 2 pièces d'ap. J. Bellin et Boticelli avant la lettre. Papier de Chine.
       212 bis. Onze pièces, d'après Cosimo, de Credi, Carrache, Cignari, Canaletti, etc. 10 pièces avant la lettre. Chine.

5.50   213 Sujets de l'Ancien et du Nouveau Testament, d'ap. Angelico da Fiesole, Francesce, Fra-Bartholomeo, etc. 15 p. Ep. avant la lettre, pap. de chine.

2   213 bis. Massacre des innocents, d'après Dosso-Dosso. Sainte Agnès, d'après C. Dolci. Bas-relief, d'après Donatello. Quatre pièces avant la lettre.

4.25   214 Sujets de l'Ancien et du Nouveau Testament, d'après Th. Gaddi, Giorgion, Giotto, etc. 17 pièces, ép. avant la lettre. Chine.

215 Lanfranc, Lippi, Lotto, Marinari, Mazzolini, Memmi. 11 pièces, épr. avant la lettre. Pap. de Chine. — 4.25

216 Signorelli, Sodoma, Sogliani, etc. 7 pièces avant la lettre. Chine. — 2.50

217 Vierges, et portraits d'ap. le Titien. 5 pièces, ép. avant la lettre, Chine. — 3.

218 Ucello, Vanni, P. Véronèse, etc. 7 pièces avant la lettre. Chine. — 2.25

219 Pollajolo, Palmegianni, Pontorme, Pordenone, Sal. Rosa. Neuf pièces avant la lettre. — 2.75

220 Quatorze pièces, d'ap. Albertini, Allori, Aretino, Baldovenetto, Fra-Bartholomeo de Saint-Marc, Beccafumi, de Bicci, Boticelli, Bronzino, Bugiardini, Buffalmaco, etc. — 7

221 D'après Castago, Cimabué, Cosimo, Lorenzo di Credi. 5 p. — 2

222 Giotto, Th. Gaddi, Gherardi, Ghirlandaio, Granacci, Gozzoli, etc. 8 p. — 7.

223 Lippi, Léonard de Vinci. 3 p.

224 Massacio, Massolini, S. Memmi et Michel-Ange et Valdini. 5 p. — 4

225 Pacchiarotti, Bal. Peruzzi, Perin del Vaga, Perugin, Pisano, Polláiolo, da Popi, Pontorme, Puligo, etc. 10 p. — 8

226 Rosso, Riccio, Salviati, Signorelli, Sodome, Sogliani, etc. 6 p. — 6

227 Tafi, Santi di Tito, P. Uccello, A. Verochio, etc. 5 p.

PORTRAITS

228 Portraits des peintres Bandinelli, Bassan, Bordone, Carrache, Dolci, Dominiquin, Guide, Jules Romain, Léonard de Vinci, Massacio, Meng, Michel-Ange, Parmesan, Pordenone, Primatice, Titien, Sodome, Tintoret, Vasari, tableaux de la galerie de Florence. 20 p. avant la lettre.

229 Portraits de peintres italiens, peints par eux-mêmes, et dont les tableaux sont à la galerie de Florence. 49 pièces, ép. avant la lettre. Pap. de Chine. Un est double.

230 Portrait des peintres les plus célèbres de la Toscane, avec une description de leurs plus célèbres tableaux. 60 pièces détachées de l'*Etruria pittrice*.

231 Trente-trois portraits de personnages italiens et espagnols de tous états.

232 Létitia Bonaparte, mère de l'empereur Napoléon. Ep. avant la lettre. Rare.

233 Portraits de Papes. 9 p.

234 Savants italiens des XVe et XVIe siècles. 12 p.

235 Portraits de personnages italiens et espagnols, Papes, Cardinaux, Légistes, Savants, etc. 27 p. In-8.

ESTAMPES

Par des Peintres et Graveurs Français.

236 **Aligny**, 1844. Campagne de Rome. Pièce à l'eau-forte, sur pap. de Chine.

237 **Alix**. Robert Sorbon, fondateur de la Sorbonne, -chapelain et confesseur de saint Louis, 1274, gravé d'ap. V. Mol. Rare. *3*

238 **Anonyme français**, graveur en bois, dans la manière de Bernard Milnet. Un calvaire. *1*

239 **Anonyme, graveur français**. La Madeleine. A *Paris*, chez *Drevet*, rue Saint-Jacques. Rare. *1-50*

240 **Aubry le Comte**. Danaë, d'ap. Girodet.

241 **Audran**. (Karle, Gérard et Benoist les). 10 pièces diverses. *2*

242 **Audran** (Gérard). Martyre de saint Gervais et saint Protais, d'ap. Lesueur. *2-50*

243 — Saint Paul et saint Barnabé, à Lystres, d'ap. Raphaël.

244 — Sainte Françoise, d'ap. N. Poussin. Enée sauvant son père Anchise, d'ap. Dominiquin, etc. 3 p. *1*

245 — Le Triomphe d'Alexandre, morceau de droite, ép. avant la lettre. Morceau du Porus, ép. d'eau-forte. Plafond des petits appartements du palais de Versailles, ép. avant la lettre. Trois pièces d'ap. Le Brun. *16 Cl.*

246 — Saint Jérôme, Jésus au Jardin des Oliviers, Fuite en Egypte. Trois pièces d'ap. Dominiquin et Verdier. Plus, copie de la Fuite en Egypte, par Sympson.
247 — La Pentecôte, le Martyre de saint Laurent, Martyre de sainte Agnès et Fuite en Egypte. 4 p. d'ap. Le Brun, Lesueur, Dominiquin et Verdier.
248 **Audran** (Benoît). David et Goliath, Pape en prière, Elévation de la Croix. 3 p.
249 — Les Quatre Eléments, d'ap. l'Albane.
250 **Audran** (Jean). La Résurrection de Notre-Seigneur, d'ap. Ant. Coypel. Belle ép. — Athalie et le Grand-Prêtre, d'ap. Coypel. Ep. avant la lettre. Copie.
251 **Athalin** (L.). Vue de Normandie. 9 p.
252 **Balechou** (Joseph). Sainte Geneviève, d'ap. Van Loo. Belle ép. La Logique. 2 p.
253 **Bacheley**. Vue de l'entrée de la Meuse.
254 **Baron**. Tête d'Homère, antique, de la collection Arondel et de celle du docteur Mead.
255 **Beaufrère**. Portrait de Louis XIV et Tête de vieillard, par Ango. 1637. 2 p.
256 **Beauvarlet**. Les Couseuses, d'ap. le Tableau du Guide au Musée de Saint-Pétersbourg.
257 **Barbé**. Saint Mathieu. Paysage par Baillie. 7 p.
258 **Bellange** (Jacques). Portement de Croix.
259 **Bernard** (Samuel). Louis du Guernier, peintre en miniature. Belle ép. d'un portrait. Rare.
260 **Bervic**. Le Repos, d'ap. Lépicié.
261 **Betou** (Alexandre). Cinq pièces, d'ap. les peintures du Primatice à Fontainebleau.
262 **Bignon**. Portraits de Claude de Mesmes, Antoine de Brun, comte de Pignoranda, comte de Trantmandorf. Quatre p.

263 **Blanchard** (Jacques). La Charité, une Mère et ses Enfants. Deux pièces gravées par Garnier et Floding, graveur suédois. — 1.25

264 **Boissieu**. Saint Jérôme et les Pères du désert. 2 pièces, belles et anc. ép. sur pap. de Hollande. — 7.50 g.

265 — La Digue, d'ap. un tableau d'Asselin, du cabinet Tronchin de La Boissière. Très-belle et anc. ép. — 7 g.

266 Les Joueurs de boule. Ancienne porte de Vaize à Lyon. Très-belle et anc. ép. — 29 g.

267 — Le Gué, la Danse de village, le Petit Courrier et Entrée de Forêt. 4 pièces belles et anc. ép. — 13.50 g.

268 — Les petits Charlatans, le Gué, la Cascade, le Temple du Soleil. 4 pièces, anc. ép. — 15.50 Savy

269 Intérieur de ferme, Village de Saint-Andeole. *Aqua pendente*. Paysage avec torrent, à gauche une Fileuse, un Enfant, un Berger et son troupeau à droite sur un rocher. 3 pièces belles et anc. ép. — 19 g.

270 — Paysages de la suite, pub. par Basan; paysage, d'ap. Berghem; vue dans la forêt de Fontainebleau; une du château de Madrid; le Champ-Vert; paysage, Ruysdaël, du cabinet de M. Souchet. ~~16~~ 8 pièces, anciennes ép., plusieurs avec remarques. — 9 g. 2.75 g.

271 — Le Vielleur jouant de la main gauche et celui jouant de la main droite; le Chasseur; sept têtes, dont un vieillard coiffé d'un turban; les Petits Charlatans; temple du Soleil de l'arc de Titus. Entrée de forêt. 7 pièces, anc. ép. — 15 g.

272 — Paysages divers. Dix-huit pièces, plus une pièce d'ap. de Boissieu. — 8.50 g.

273 **Bonnart** (Jean-Baptiste). 1721. Portrait du Pape Innocent XI. — 1 Loiselet

274 **Boullanger** (Jean). Sujets de Vierge, etc. 3 p., d'ap. S. Vouet. — 1

— 24 —

275 **Boullongne** père et fils Louis de). Divers sujets. 7 p. à l'eau-forte.

276 **Bosse** (Abraham). Diverses pièces, dont le tableau de la Conversion de saint Denis par saint Paul, peint par Jean Lestaing, pour le may de Notre-Dame en 1636. 9 p.

277 — Panneau d'arabesque où se voient les figures la Justice, la Force, la Prudence et la Tempérance.

278 **Bourdon** (Sébastien). Sainte Famille, Vierges, Baptême de l'Eunuque, Fuite en Egypte, paysages. 27 p. gravées à l'eau-forte; plus 2 pièces d'ap. lui.

279 — Christine, reine de Suède, grav. par Tardieu.

280 — Louis XIII, portrait de Warin, Christine de Suède et Henri IV, d'ap. Janet. 5 p.

281 — Sainte Famille, Conversion de saint Paul, Paysages, Bohémiens, découverte d'Astianax, etc. 6 pièces gravées par Hainzelman, Natalis, S. Bernard, Laurent, etc.

282 **Boyvin** (René). Danse de Driades, d'ap. maître Roux, original et copie.

283 — François Ier entrant au Temple de l'Immortalité, et Danses des Driades. 2 p. d'ap. maître Roux; Procris, trois pièces de l'Histoire de Jason. 6 p.

284 — Figures grotesques, pièces pour l'orfèvrerie. 8 p.

285 — La Nymphe de Fontainebleau, d'ap. maître Roux. Copie très-trompeuse.

286 **Brebiette**. Sujets divers, plusieurs doubles avec les adresses de Quenel et celles de Le Blond. 39 p.

287 **Businck** (Louis). Le Joueur de flûte. Pièce en camaïeu, d'ap. Lallemand. Rare.

288 **Callot**. Les Martyrs du Japon, 1er état; saint Paul, le Massacre des Innocents, Sainte Famille, les Pénitents.

289 — Cinquante-quatre pièces, dont les tableaux de Rome. — 6.50
290 — Siége de Bréda, Tentation de saint Antoine, etc. 4 p. — 1
291 **Caron**. Sujets allégoriques, etc. 2 p.
292 **Caron** (Adolphe). Portrait de la duchesse de Berry, d'ap. Gérard. — 3
293 **Cathelin**. Les six Poëtes, Dante, Pétrarque, Bocace, etc., d'ap. G. Vasari. Deux ép., une avant la lettre, Vénus et l'Amour, d'ap. A. Carrache, par J. Bouillard. — 3.75
294 **Chaperon** (Nicolas). Bacchanales, 4 pièces et 1 pièce d'après H. Picquet. — 1.25
295 **Charlet**. Que dit-on? Le Conscrit. Charge de Cuirassier, etc. 7 p. Plusieurs rares. — 2.
296 **Chaufournier**. Paysages et Vues de Paris. 8 pièces, plus un paysage à l'eau-forte, par Chedel. — 1.
297 **Chauveau**. (François). Vierge et Enfant Jésus, Métamorphoses d'Ovide, divers titres de livres, les Muses, Hercule, d'ap. Le Guide. 15 p. — 1.75
298 **Chereau** (François). Nicolas de Launay, directeur de la monnaie et orfévrerie de Sa Majesté. Belle ép., d'ap. H. Rigaud. — 1
299 **Chereau le Jeune**. La Transfiguration, d'ap. Raphël. — 1
300 **Chéron** (Elisabeth). Christ mort, dessinée et grav. en 1710. Sujets de la Fable, gravés d'ap. des pierres gravées. Les Travaux d'Hercule et autres pièces gravées par et d'ap. Louis Chéron. 16 p. — 3
301 **Cochin**, dit l'Ancien (Nicolas). Sujets de l'Ancien et du Nouveau Testament, paysages, etc. 12 p. — 1.25
302 **Cochin** (Ch. Nicolas). Pastorales. Trois figures. Belle épr. avant l'adresse de Basset. — 8.50

— 26 —

1.75   303 **Coigniet** (Léon). Une Cour de Rome; Traîneau esquimau, etc. Quatre pièces lithographiées. Une Chasseresse, gravée d'ap. Coigniet.

2   304 **Collin** (Richard). Ant. Van Leyden, Artus Quelinus, etc. 5 p.

305 **Collignon** (François). La Reine de Saba. D'ap. J. Valdor.

1.50   306 **Corneille** (Michel). Sujets divers, à l'imitation de Raphaël; paysages du recueil Jaback. 8 p.

306 bis. **Corneille** (J.-Baptiste). Mercure, sainte Geneviève et Sujet allégorique. 3 p.

1   307 **Cossin** (Louis). Valentin Conrart, Jean Konismark. 2 portraits.

308 **Cousin** (Jean). Son portrait, le Jugement dernier, etc. Trois pièces. Plus deux Titres d'un ouvrage imprimé par Henri Étienne.

7.50   309 **Coypel** (Ant.), 1692. L'Amour domptant le dieu Pan. Les Rivales, C.-A. Coypel, etc. 3 p.

3.25   310 **Coypel** (Charles). Huit sujets de l'histoire de don Quichotte; gravé par Surrugue, Silvestre et autres. Six sont avant la lettre.

2.50   311 **Coypel** (les). Sujets divers. Sept pièces, dont sainte Thérèse. Gravé à l'eau-forte par N. N. Coypel.

5.50   312 **Daret** (Pierre). Sujets de Vierges. Dix pièces, d'après S. Vouet.

1   313 **Daret** (Pierre). La Vierge, la Magdeleine. Divers Portraits par Daret et J. David.

2   314 **Daudet** (Robert). Jubilé de Lyon, Jean Bouhier, d'après Largillière, et une Pièce d'après Metzu, par Daullé, 1761. 3 p.

315 **David** (Louis). Le Serment des Horaces, Bélisaire, Etude des Horaces. Trois pièces par Morel, la première avant la lettre. — 5.50

316 **Debucourt** (Phil.). Le Juge ou la Cruche cassée. — 1

317 **Demarne**. Paysages et Scènes champêtres. Sept pièces à l'eau forte. Plusieurs études de chèvres. Trois pièces lithographiées. — 3.75

318 **Delaulne**. Ancien Testament. Suite de vingt-quatre pièces. — 6.50

319 **Delaulne** (Étienne). Diverses figures, Copies d'estampes de Marc-Antoine, etc. 33 p. — Rochoux

320 **Demarcenay**. Le Testament d'Eudamidas, d'ap. N. Poussin. Épr. d'eau-forte. Rare. — 4.25

321 **Denon** (Vivant). Chasse au sanglier d'après Snyders; Paysage d'après Claude, et trois pièces d'après Denon, par Suntach. — 1.25

322 **Deruet** (Claude). Le Palais ducal et la Carrière neuve de Nancy. 2 p. — 7.50

323 **Dorigny** (Michel). Sujets de la Fable. Dix pièces d'ap. S. Vouet. — Daulos

324 Vénus, Didon, l'Enlèvement d'Europe, etc. Six pièces d'après S. Vouet.

325 Sujets de la Fable, Plafonds, etc. Dix-neuf pièces d'après S. Vouet. — 6.50

326 **Dorigny** (Michel et Nicolas). Bacchanales, Frises, etc. 9 p. — 3.25

327 **Dorigny**. La Descente de Croix, d'après Daniel de Voltère. — 7 Daulos

328 **Drevet**. La Présentation au Temple, d'ap. L. de Boullogne. Très-belle épreuve. — 2.75

329 **Drevet** (Pierre). Charles-Jérôme de Cisternay Du Fay, d'apr. H. Rigaud. Très-belle épreuve.

— 28 —

330 **Drevet**. Léonard Delamet, d'après H. Rigaud.

331 **Ducis** (Louis). Mme La Vallière au tombeau de Mme de Thémine; Valentine de Milan et Charles VII, d'après Richard; Louis XIV et Mlle de La Vallière, d'ap. Albrier. 4 p.

332 **Dughet** dit **Gaspar Poussin**. Paysages à l'eau-forte. 5 p.

333 **Dumoustier** (Geoffroy). Deux Femmes romaines (R. D. N° 21). Rare.

334 **Dupérac** (Étienne). Paysages avec figures (n°s 59 et 76). 2 p.

335 **Duplessis-Bertaux**. Batailles d'Italie; Vues de Sicile. 16 p.

336 **Duvet** (Jean). Un Sujet allégorique aux amours d'Henri II et Diane de Poitiers.

337 **Duvet** (Jean). Pièce de la suite de l'Apocalypse (R. D. 49). Belle épreuve. Rare.

338 **Du Vivier** (Jean). Tentation de saint Antoine (R. D. 3); la Cuisinière (5). Deux pièces rares.

339 **Edelinck** (Gérard). La Sainte Famille, d'après Raphaël. Epreuve avec les armes de Colbert. Rare.

340 — La Tente de Darius, d'après Le Brun. Très-belle épreuve, avec le petit nom de Goyton.

341 — Saint Louis et saint Charles Boromée, d'après Le Brun. 2 p.

342 **Edelinck** (Gérard). Saint Louis en prière; la Vierge au pied de la Croix. Deux pièces. Belles épreuves.

343 — La Vierge et l'Enfant, jolie estampe, dite la Couseuse. Belle épreuve, avec l'adresse de N. de Poilly.

344 — Arnauld, Hugens, La Motte et Verien; ce dernier avant le nom du graveur. 5 p. — 3.25

345 — Sept portraits, par Edelinck et autres.

346 **Edelinck** (Jean et Nicolas). Sujets de la Passion, comte de Castiglione, Moreri, Latone et Pithon, etc., par G. Edelinck. 13 p. — 2.75

347 **Eisen** (Ant.). Scène flamande, trois figures. Pièce à l'eau-forte. — 1

348 **Ferdinand**. Les Vertus innocentes; neuf pièces gravées en 1671, d'après Van Obstal. Jeux d'enfants d'après Testelin. — 5.50

349 — Quatre doubles de la suite des Vertus; deux pièces par Cochin et une par Flipart, d'après Houasse. — 1

350 **Firens** (Pierre). Henri IV guérissant des écrouelles. Très-belle épreuve, mais rognée. — 10 cl.

351 — La Débauche, d'après Martin de Vos. Belle épreuve.

352 **Flamen** (Albert). Paysages et Vues diverses; 12 pièces. — Poissons, 6 pièces. — 19

353 — Oiseaux; cinq pièces. Très-belles épreuves. — 20

354 **Focus**. Paysages. Trois pièces avant les numéros. — 2

355 **Fornazeris** (J. de). Sujet mystique. Très-belle épreuve. Rare. — 9 cl.

356 **Forster** (M. François). Les Trois Grâces, d'après Raphaël. — 19 cl.

357 — Raphaël à l'âge de quinze ans. — 13.50

358 — Louis Ier, roi de Bavière, d'après Gérard. Epr. avant la lettre; papier de Chine. — 7.50

359 **Fragonard** (Honoré). La Famille du fermier. Belle épr. — 3.50

1.50 — 360 **Fragonard**. Henri IV, Gabrielle et Sully. Gravé par Gérault.

11.50 — 361 **François**. Jeune Femme vue de profil, d'après Fredou. Deux épreuves, avec différence.

13.50 — 362 **Gaultier** (Léonard). Vue de Paris en 1611.

9 — 363 — Titre de livres de 1606 à 1623. 29 p.

4.50 — 364 — Sujets divers pour des livres de piété, gravés par Léonard Gaultier, Thomas de Leu, Picquet, M. Tavernier, Isaac, J. Messager et autres graveurs des XVIe et XVIIe siècles. 76 p.

4 — 365 **Gérard** (François). Sainte Thérèse, Louis XVIII, pièces du Camoëns, le Sacre de Charles X, M. de Souza, la duchesse d'Orléans, Frontispice des Cordillères, etc. 19 pièces gravées et lithographiées.

2.75 — 366 — Homère, gravé par Massard. Epr., lettre grise.

13 — 367 **Géricault**. Trois pièces par lui et quatre d'après. Huit pièces lithographiées.

11.50 — 368 **Gelée** dit LE LORRAIN (Claude). La Danse sous les arbres (10). Très-belle épr., mais rognée.

3.25 — 369 — Le Naufrage (7); deux épreuves. Le Dessinateur (9); deux épreuves

23. — 370 — Le Bouvier (8); deux épreuves. Fuite en Égypte (1); on lit dans la marge: N° 44, p. 13. 2 épreuves.

1.25 — 371 — Les Brigands (12); la Danse sous les arbres (10).

8.50 — 372 — Le Chevrier (19); les Chèvres (26); la Conversation (21). 3 p.

4 — 373 — Le Pâtre (25); la Fuite en Égypte (1); l'Apparition (2); le Dessinateur (9). 4 p.

3.75 — 374 — Le Gué (3). Belle épr.

4. — 375 — Mercure et Argus (17); la Danse des Saisons (20).

376 **Gelée** dit le Lorrain (D'après Claude). L'Adoration du Veau d'or, gravé par Lespinière. Épr. avant la lettre. — *13*

377 **Campo Vaccino** (23) et deux Copies de sens opposé, par Perelle et Rabel. Plus la Conversation (21) ; la Tempeste et copie de la Danse au bord de l'eau. — *8.50*

378 — Les Édifices romains, d'après C. Lorrain, par W. Woollett. Belle épr. — *6cl.*

379 — La Récompense villageoise, gravé par Le Bas. — *2*

380 — Les Quatre Heures du Jour, d'après les tableaux qui étaient à la Malmaison. Épr. coloriées. — *5*

381 — Sept paysages, d'après Claude le Lorrain, par Vivarès et autres. — *2.25*

382 **Girodet**. Atala, diverses vignettes. Huit pièces. Épr. avant la lettre. — *1.50*

383 **Gros**. François Ier et Charles-Quint visitant les tombeaux de Saint-Denis. Eau-forte, par Simonet. La Bataille d'Eylau.

384 **Goyrand** (Cl.). Paysage, d'après Mauperché, Swanewelt, etc. 3 p. — *2*

385 **Gribelin** (Simon). Jollyvet, né à Orléans en 1661, mort en 1662 ; portrait non cité dans le Père Le Long. Très-belle épr. 2 p. — *3.50*

386 **Grignon** (Jean). Christ d'après Rubens. Rare. Non décrit au catalogue Basan. — *1.50*

387 **Guillemot**. Fragment du Jugement dernier, de Michel-Ange. Pièce à l'eau-forte. Rare. — *2*

388 **Guttemberg**. Diverses Vierges, d'après Raphaël ; Circoncision, d'après Raphaël et Fra-Bartholomeo, et Veillée hollandaise. Epr. avant la lettre et l'eau-forte.

2.25 389 **Haudebourg**, née Lescot (Mme). La Dame de charité, par Leroux. Épr. avant la lettre ; pap. de Chine.

3.25 390 **Henriquel Dupont**. Hussein-Pacha, d'après Champmartin. 3 p.

4.25 391 **Hersent**. Daphnis et Chloé, gravé par Laugier. Belle épr.

2.50 392 **Hortemels** (Marie). Saint François, et Distribution des aumosnes de Port-Royal-des-Champs. 3 pièces.

5.50 393 **Huret** (Grégoire), *inv. et fecit* 1664. La Passion. 12 pièces de la suite.

7.50 394 — Rainaldus Estensis; Cardinalis, Frédéric Boromée, Davila, etc. Cinq portraits, plus cinq sujets pieux. 10 pièces. Belles épreuves.

6.80 395 **Ingres** (d'après M.). L'Amour et Psyché, gravé par Desnoyers Dumont, gravé par Leroux.

3.50 396 — Françoise de Rimini, Odalisques. 2 pièces.

24 Cl. 396 bis — Dix pièces coloriées, d'après les vitraux de la chapelle de Saint-Ferdinand.

4.25 397 **Ingres** (M.). Odalisque. Lithographiée par ce maître. Belle épreuve sur grand papier.

9 Cl. 398 — Poussin, La Fontaine, Molière, Cherubini. Quatre pièces dessinées par M. Ingres, gravées par MM. H. Dupont, Dieu, etc.

1.25 399 **Isabey**. Le Nid de fauvette, le Coup de vent, le Chat Désiré. 3 pièces par Copia et Aubertin.

3.50 400 **Jacques** (Ch.). Les Chanteurs. Épr. d'essai sur papier de Chine.

6 401 — Vingt-huit paysages à l'eau-forte, par Jacques et autres.

7.50 394 bis

402 **Joyant** (Jules). Vue de Venise. Épreuves d'essai, une double retravaillée. Lithographies inédites. Une pièce à l'eau-forte, d'après Boissieu. 4 pièces.

403 **Lafage** (Raymond). Huit pièces diverses.

404 **La Hyre** (Henri). Le Sacrifice de Gédéon, et quatre pièces d'après La Hyre, par MM. Lasne, Faytorne, Rousselet, Chauveau, etc.

405 **Lasne** (Michel). Vierge, Doria, Strozzæ. 5 pièces d'ap. S. Vouet.

406 — Portraits et sujets. 13 pièces.

407 **Laugier**. Héro et Léandre, et la Mort de Léandre. Deux pièces d'après Delorme. Épr. avant la lettre. Papier de Chine.

408 **Le Brun** (Charles). Les Quatre Heures du jour. *Le Brun in. fecit. Mariette ex.* Quatre pièces. Belles épreuves avec grandes marges.

409 **Le Brun** (d'après Charles). Plafond de la chapelle de Sceaux, Sainte Famille, Christ en croix, la Franche-Comté conquise pour la deuxième fois, en 1674. Quatre pièces par Poilly, Simmoneau, etc.

410 — Le Massacre des innocents, le Baptême de Jésus, Descente de croix, etc. Neuf pièces, plus deux pièces d'ap. Jouvenet et Le Nain.

411 **Leclerc** (Sébast.). Fondation du Jardin-des-Plantes sous Louis XIV. Belle épr. avec *Goyton ex.*

412 — Divers costumes français du siècle de Louis XIV, 20 pièces. Divers dessins de figures, 19 pièces. Fleurons, Lettres, etc. 25 pièces. En tout 78 pièces.

413 — Ancien et Nouveau Testament, 104 pièces. *L'Adone del Marino*, 20 pièces. *Il Pastor fido*, 7 pièces. *Aminta Favola Boscareccia*, 7 pièces. 14 lettres grises, etc. 157 pièces.

5

414 **Lefèvre** (Valentin). Divers sujets gravés d'après les tableaux du Titien, Tintoret et Paul Véronèse, qui sont à Venise. 19 pièces.

6

415 **Leismier**. La Fornarina, d'après Raphaël.

1.75

416 **Le Loir**. Vierge tenant un lis. Épr. avant la lettre. Chine.

4.50

417 **Lenfant** (Jean). Charles Manessier d'Abbeville. Autres portraits et divers sujets. Sept pièces, plus la Madeleine, d'après A. Loir.

4.

418 **Le Paultre** (Jean). Sujets divers. 15 pièces.

7.50

419 **Lesueur** (Eustache). Portrait du peintre, les Muses, Nitocris, la Maladie d'Alexandre, etc. 16 pièces gravées par Van Schuppen, Bernard Picart, M. Lasne, etc.

1.25

420 **Lochon** (René). Deux Portraits d'apr. Loyr et Champagne.

3.

421 **Lombart** (Pierre). Lavalette d'Épernon, d'après W. Vaillant. Belle épreuve.

1.50 ce.

422 **E. Loys**. Un Vase, deux Figures. Deux pièces. En plus, Martyre de saint André. Pièce marquée *Joannes Loysis fc*.

14.50

423 **Marie d'Orléans** (la princesse). Arrestation du prince de Condé. Lithographié par la princesse Marie, d'après le tableau de M. Horace Vernet, qui était au Palais-Royal. Tableau détruit en 1848. Plus le portrait de cette princesse, d'ap. Scheffer, par Gérard. Rare.

22 ce.

424 **Mariette** (Jean). Vignettes pour les exercices de la piété, le Festin de Balthazar, etc. 12 pièces.

425 **Martinet**. Les Quatre Saisons, gravées par Jazet. 4 pièces coloriées.

426 **Manglard** (Adrien). Paysages et Marines. Cinq pièces. Belles épreuves avant les numéros. — *1*

427 **Massard** (Raphaël-Urbain). La Mort d'Atala, d'ap. Girodet. Épr. avant la lettre. — *8.50 Cl.*

428 — Hippocrate refusant les présents d'Artaxercès, d'après Girodet. — *4 Danlos*

429 **Masson** (Antoine). Guy Patin, médecin, 1670; Guillaume Brisacier. 2 portraits. — *1.75*

432 **Mauperché** (Henri). Paysages n°s 1, 2, 3, 6 à 19, 24, 27 à 31, 34 à 45, 49 et 50, du *Peintre graveur français*, par M. Robert-Dumesnil; en tout 66 pièces dont plusieurs doubles avec différence. — *15*

433 **Mellan** (Claude). Sainte Thérèse, Saint François. Sujets et portraits divers. 14 p. — *8.50*

434 — Notre Seigneur et les Apôtres, suite de treize pièces (manque Saint-Paul); à l'une d'elles, Saint-Paul, on lit: *J. Messager ex.*, plus deux Christ en croix. — *3*

435 — Vierge et Enfant Jésus et autres sujets. 5 pièces d'après S. Vouet. — *1.25*

436 **Mercey**. Vues du Tyrol, 12 p. à l'eau-forte.

437 **Meunier** (Louis). Palais de l'Alhambra, demeure des rois d'Espagne. 2 p. — *1*

438 **Mignard** (Pierre). Sujets de la fable, trois pièces à l'eau-forte, d'apr. A. Carrache; plus huit pièces d'apr. Mignard, par Simon, Gasnière, etc. — *1.25*

439 — Sainte Cécile, gravé par Ulmer. — *5*

440 **Millet** (Francisque). Paysages en largeur et aussi de forme ronde. Dix pièces à l'eau-forte par Théodore; belles épr. avec l'adresse de Simon. — *7.50 Loiselet*

430 — 1.25

441 **Montaigne** (Mathieu). Dix-neuf paysages et Marines, plus la Cène, par N. Platte-Montagne, et titre de la Toscane française du sieur Chevalier l'Hermite de Souliers. Cette dernière non décrite.

442 **Morin**. Charles Broromée, saint Bernard, Philippe II, roi d'Espagne, dans une bordure ajoutée. 3 p.

443 — Jacques Le Mercier, architecte, d'apr. Champagne; belle épreuve d'un portrait rare.

444 — Suite de quatre paysages, d'après Fouquières, et deux d'apr. C. Polembourg.

445 **Moreau le jeune**. Vignettes pour La Fontaine, Voltaire, les Fabliaux, les chansons de De la Borde. 23 p. dont 11 sont avant la lettre.

446 **Muller** (Henri). Portrait de Henri IV, d'après Gérard, pour la Henriade de Didot.

447 — 1818. La Madone de Saint-Sixte, d'apr. Raphaël, 3 épr. avant la lettre.

448 **Nanteuil** (Robert). De Nesmond, belle épr. 1er état. Collection Debois.

449 — Dorieu Nanteuil. 1660.

450 **Norblin**. Susanne et les veillards. Saint-Jean prêchant, sujet d'histoire. 3 p.

451 **Ortman**. Une pièce du Camoens et portrait du Général? deux pièces, d'après Gérard. Épreuves av. la lettre.

452 **Os** (Van). Groupe de fruits.

453 **Parrocel** (Pierre). Parnasse, Quos ego; deux grandes p. de décorations, elles sont non décrites. Une pièce, décoration par le Lorrain, 1748. 4 p.

454 **Parrocel** (Joseph). L'Annonciation, etc. 2 p. (R. D n°ˢ 1 et 8.)

455 **Pennautier**. Vues en Auvergne. 12 pièces à l'eau-forte, épr. papier de Chine. — 3-75

456 **Perelle** (Nicolas et Antoine). Les quatre éléments. 1ᵉʳ état avant *Mariette exc.*; rare. Paysages, Fontarabie, l'Isle de la Conférence. 15 p. — 2-75

457 — Vue de Constantinople et du grand sérail. — Bastard 3 cl.

458 **Pérignon**. Michel-Ange apportant le bras de sa statue de Cupidon, gravé par Ruhierre. — 3-90

459 **Perrier** (François). Simon Vouet. 1632. — 1

459 bis. — Nativité, d'ap. Vouet. Saint-Roch, Vierge et Enfant Jésus, Christ en croix, etc. 10 p. — 2-75

460 **Peyron** (Pierre). La mort de Socrate. *P. Peyron inv. pinx. et sculp.* 1790.

461 **Pesne** (Jean). La Charité, d'après le Poussin. Paysage d'après Carrache, etc. 3 p. — 1-25

462 **Picart le Romain**. Le mariage de Sainte-Catherine, d'après le Corrège; très belle épr. — 6.-

463 **Picart** (Bernard). Le Massacre des Innocents. Dix petites figures. Titre de livre, etc. — 2.

465 — Toilette de Vénus et bain de Diane, 2 p. d'apr. Carrache. — 1

466 — Le Prince Eugène, d'apr. Jacques Van Schuppen. — 4

467 — Portrait de Roger de Piles, grand amateur de beaux-arts. Belle épr. — 1

468 — Dix-neuf pièces, d'après divers maîtres, dont le Temps qui enlève la Vérité, d'après Nicolas Poussin. Deux épreuves, une avant B. Picart *sculpsit direxit*. — 4

9.50 — 469 **Picot**. Psyché et l'Amour, gravé par Burnet. Épr. avant la lettre, papier de Chine.

2.50 — 470 **Pillement**. Les Agréments de l'été, gravé par Woolett.

5.50 Rochoux — 471 **Poilly** (Franç.-Jean-Baptiste et Nicolas de). Nativité, d'après Ferrari; sujets et portraits, d'après P. de Champaigne, P. Mignard, etc. 7 pièces. Belles épr.

3.25 — 472 **Poilly** (François et Nicolas de). Saint Jean, d'après Le Brun; saint Augustin et saint Chrisostôme. 3 p. Belles épr.

6 — 473 **Poussin** (Nicolas). L'Eucharistie, l'Ordre, l'Extrême-Onction, le Baptême, la Pénitence. 5 p. par Pesne. Épr. avant les adresses d'Audran.

3.25 — 474 — Les Sacrements, par B. Audran; les Œuvres de miséricorde, d'après S. Bourdon. 11 p.

2 — 475 — Le Testament d'Eudamidas, par Pesne.

3 — 476 — Adoration des Mages, la Sainte Famille, le Déluge et Bacchanale. 4 p. gravées par Pauquet, Morghen, Massard père, etc.

1 Cl. — 477 — La Femme adultère, par G. Audran, et une copie par Van Somer.

3.25 — 478 — Sainte Famille, gravée d'après Poussin par Claudia Stella.

2 — 479 — Le Déluge, gravé par Cunego.

5.50 — 480 — Saint Érasme, Repos en Egypte, Fuite en Égypte, Jésus guérissant les aveugles, le Maître d'école des Falisques, la Mort d'Hippolyte. 6 p.

3.25 — 481 — Les Armes d'Achille, le Temps qui découvre la Vérité, et deux des Sacrements. 4 p. par Dughet.

482 — Adoration des Bergers et Christ mort. 2 p. d'après les tableaux du musée de Munich.   *4*

483 — Esther et Assuérus, épr. avant les contretailles sur une partie de la composition; Adoration des Bergers, Sainte Famille Jésus et la Samaritaine, etc. 5 p. par Pesne.   *3.75*

484 — L'Idole de Dagon renversée, gravé par Baron de Toulouse. Superbe épr. avant le nom de Goyton.   *1*

485 — Les sept Sacrements, le Frappement du rocher, Moïse exposé, Ravissement de saint Paul, etc. 11 p. Tableaux de la galerie d'Orléans.   *7*

486 — Les sept Sacrements, les Bergers d'Arcadie, etc. 11 p.   *1.75*

487 — Sainte Famille, Pan et Syrinx, Mars et Vénus, paysage, etc. 11 p., gravées par Dughet, Fabricus Clarus, Bernard Picart, etc.   *6*

488 — Treize pièces diverses.   *1.75*

489 — Calvaire, gravé par Claudia Stella.   *3.25*

490 — **Prud'hon** (P.). Titres pour la Préfecture de Police et pour la Préfecture du département de la Seine. De cette dernière, deux épreuves avec différence. La planche rognée et les lettres effacées.   *15 Cl.*

491 — La Liberté et la Justice poursuivant le Crime, gravé par Copia et Roger. La dernière lettre grise.   *11*

492 — La Justice divine. Épr. lettre grise, et deux vignettes gravées par Roger.   *4 Cl*

493 — La Famille malheureuse, lithographiée par Prud'hon. Épr. retouchée. Le Zéphyr et autres pièces, d'après Prud'hon. 4 p.   *3.25*

494. — La pauvre Famille. Épr. avant la lettre, papier de Chine.

495. — Tête de vieillard. Dessin attribué à Prud'hon et gravé par Roger; l'Innocence, le Désir et l'Enfance, gravés par Prud'hon fils et Roger. 5 p.

496 **Rabass** (Jean). Judith, d'après le Guide; Sainte Famille. 2 p.

497 **Reclam** (François), 1655. Quatre paysages à l'eau-forte, deux doubles avec différence.

498 **Regnesson**. Jean Le Saisse, payeur de rentes; 1670; Nativité, 2 p.

499 **Rohën**. Sujets divers. 8 p. à l'eau-forte. Épreuves sur papier de Chine.

500 **Robert** (Nicolas). Divers oiseaux. 15 p., plus 2 p. études de chiens, renard, etc.

501 **Robert** (Léopold). Une Suissesse, un Brigand napolitain, la Prédiction, Environs de Rome. 4 p. lithographiées par L. Robert. Trois doubles des pièces ci-dessus.

502 **Roettiers** (François). Portement de croix, d'ap. Largillière. Michel Letellier, par de La Ronsière. 2 pièces.

503 **Roqueplan** (Camille). Le Lion amoureux, gravé par N. Demadryl.

504 **Roullet**. Les trois Maries, d'ap. An. Carrache.

505 — La tête de Goliath, Vierge et Enfant Jésus, et deux portraits, dont celui de Pierre Saint-André, général des carmélites. 4 pièces, d'après Carrache, Parrocel, de Largillière, R. Levieux.

506 **Rousselet** (Egide). Sainte Famille, Vierge et Enfant, Christ en croix, saint François. 4 pièces, d'ap. C. Maratte, Albane, Guide, Le Brun. — 2-75

507 **Saint-Aubin**. Jupiter et Léda, d'après Paul Véronèse. Épr. avant la lettre. — 2.25

508 **Sarrabat**. Sainte Cécile, d'ap Herluyson. Rare. — 1-75

509 **Scalberge**. La bataille de Constantin, d'après Raphaël, grande estampe de quatre feuilles. L'adresse de Boissevin a été grattée. — 1.25

510 **Scheffer** (Ary). Les Enfants égarés, les Orphelins, la Veuve du soldat, la Veuve du matelot. Ces deux dernières ép. avant la lettre, papier de Chine. 4 p. gravées par Girard et Alfred et Tony Johannot. — 9

511 — Le duc d'Orléans, gravé par Cholet. — 2.25

512 **Schnetz**. Offrande à la Madone, gravé par Fauchery. Épr. avant la lettre papier de Chine. — 7

513 **Spierre** (François). Sainte Cécile, d'ap. le Dominiquin. La Vierge au ciel, d'ap. Pietre de Cortone. — 7

514 **Stella** (Jacques). Sainte Famille, Fuite en Égypte, Communion de la Magdeleine, Mariage de sainte Catherine et autres sujets. 7 pièces gravées par Claudia Stella, Edelinck, Goyrand, etc. — 8

515 **Surrugue**. La Nativité de la Vierge, d'ap. Pietre de Cortone. Les Travaux d'Hercule, par Surrugue, avec Flipart et Château.

516 **Subleyras**. Saint Basile-le-Grand, gravé d'après le tableau qui est au Vatican, par Cunégo. — 1

517 **Tardieu** (Nicolas). Vignettes, d'après Coypel et autres. 20 pièces. — 1.50

518 **Tardieu** (Alexandre). Christine, reine de Suède, et Henri IV enfant, d'après Janet. 2 pièces avant la lettre. — 1

518 bis 7 f

519 **Thomassin** (Philippe). Vierge et saint, d'après Pachiarottus; le Jugement dernier, d'ap. F. Vanni. 2 pièces.

520 — Le Magnificat, d'après Jouvenet, épr. avant la lettre. La Messe, d'apr. le même Jouvenet.

521 — La Visitation, d'apr. Sébastien del Piombo.— La Mélancolie, d'ap. Feti. Portrait de ………? d'après de Troye. 3 pièces.

522 **Tortebat** (François). La Magdeleine, sujets de Vierges, saint Louis, etc. 13 pièces, d'ap. S. Vouet.

523 **Vanloo** (Carle). La Résurrection de notre Seigneur, par Salvador Carmona.

524 **Verdier** (François). Les Muses, *F. Verdier, inv. et sculp.* et diverses autres compositions. Plusieurs figures académiques. 14 pièces.

525 **Vernet** (Carle). La Chasse au tir, en 4 pièces, gravées par Debucourt. Elles sont coloriées.

526 — Grand départ de chasse, très-grande estampe gravée en manière noire.

527 — Sujets de courses. 5 pièces, par Jazet.

528 **Vernet** (Horace). Sept pièces, vues et vignettes du Voyage en France, par le baron Taylor. Elles sont rares.

529 — Sujets divers, 24 pièces, par M. H. Vernet, et son portrait.

530 **Vignon**. La vie de Jésus et divers autres sujets. 13 pièces.

531 **Villequin** (Étienne). Jésus et la Samaritaine.

532 **Villot** (M. Frédéric), *conservateur des tableaux du Musée du Louvre.* Venise pittoresque, ou Recueil de costumes du xvie siècle. Vingt-deux pièces à l'eau-forte. Plus trois pièces, d'après M. Eugène Delacroix.

533 **Vouet** (Simon). Sainte Famille. Belle épreuve d'une pièce à l'eau-forte, par ce maître. — 1.50

534 — Neuf pièces d'après ce maître, par Dorigny, Tortebat, etc. — 1.25

535 — Sujets de l'Ancien Testament. Cinq pièces gravées par Tortebat. — 3.

536 — Christ en croix, Christ mort par Daret, etc., et une pièce d'apr. Michel Corneille, par Dorigny.

537 — Sujets de l'Ancien et du Nouveau Testament. Dix pièces d'ap. S. Vouet.

538 — Sainte Madeleine et la bienheureuse sœur Marie de l'Incarnation Parisienne. Trois pièces d'ap. S. Vouet. — 7 cl.

539 — Jean Marin, Thomas Ricciardi. Deux portraits d'après S. Vouet, par Pierre de Jode.

540 **Vouillemont** (Sébastien). Vierge et Enfant Jésus, d'après le Parmesan; le Parnasse et les Pèlerins d'Émaüs, d'ap. Raphaël, le Cardinal Justinianus, et un Titre de livre. — 1

541 **Vuibert** (Remy). Le Martyre de Saint André, d'ap. Dominiquin. Deux épr. 1er et 2e états. *Fides, Caritas*. Trois pièces d'après Raphaël. — 1.25

542 **Waillant**. Buste d'enfant, et Tête de nègre. Deux pièces. Manière noire.

543 — **Watteau** (Antoine). Figures de modes, le Titre. Trois épreuves de trois états, et les nos 2 et 5, 2e état. 6 pièces. — 8.50

544 — Femme assise, *Vatteau in. et fecit*. Son portrait par Crepy, 1er état, et diverses pastorales, d'après Watteau. — 3.25

545 — Le Bal champêtre, d'après Watteau, par J. Couché. Épr. avant la lettre. — 1.50

2.50 — 546 **Wille** (Jean-George). Marguerite-Élisabeth de Largillière, fille de Nicolas de Largillière, d'après ce maître.

1.75 — 546 bis. — Frédéric II, roi de Prusse, d'après Pesne.

2.75 — 547 — Jeune Joueur d'instrument, d'après Sckalken; la Devideuse, mère de Gérard Dow; Gazetière hollandaise, d'ap. Terburg; la bonne Femme de Normandie, d'ap. Wille fils. Quatre pièces.

1 — 548 — Neuf paysages à l'eau-forte.

ESTAMPES DIVERSES

De l'École Française.

2 — 549 **École française.** Léonard Gaultier et autres. Quarante-neuf pièces in-8°.

2.50 — 550 — Ozanne et autres. Soixante-neuf pièces.

Cl. 3.50 — 551 — Gillot et autres. Quarante-deux pièces.

1.50 — 552 — Dix-huit pièces par et d'après S. Bourdon, Lemaire, Poussin, Marot, Th. Guillain, Jouvenet, Fabre, Gissey, Landry, Papillon de la Ferté, etc.

1.50 — 553 — N. Silvestre, Santerre, Saint-Non, etc. Douze pièces.

2.50 — 554 — Paysages et sujets gravés à l'eau-forte, par Demarcenay, Dassonville, et d'après Desfriches, Delaval, etc. Quatorze pièces.

555 — Marines d'ap. J. Vernet, Paysages d'ap. Patel, Dughet, etc. Huit pièces. *2.25*

556 — La Baigneuse, Vues des environs de Mortagne et de Lagny. Trois pièces d'ap. La Hyre et Le Prince.

557 — Sujets divers et portraits, dont celui de Pierre Francavilla, d'après Jacques Bunel. Seize pièces. *1*

558 **École française moderne.** Douze pièces, d'après les tableaux de Michallon, Granet et Schnetz. *4.25*

559 — Vingt-deux pièces, par Clerget et autres artistes. *1.80*

560 — Les Moines rançonnés, d'après Robert Fleury; l'Arioste arrêté par des brigands, d'après Mauzaise. 2 pièces gravées par Thouvenin et Ruhierre. Epr. avant la lettre. *"*

561 — Douze pièces, d'après Bonnington, Bonnefond de Lyon, Boilly, Genod, Scheffer, Trimolet, etc. *1.75*

562 — Vingt-trois pièces, par Guérin, Hersent, Mauzaisse, Dejuine, Van Daël, etc. *2 cl.*

563 **Études gravées en manière du crayon,** d'après Raphaël et Léonard de Vinci. 5 pièces dessinées par Desnoyers. *9 tyichee*

564 — D'après Raphaël, N. Poussin et l'antique. Seize pièces dessinées par Reverdin.

565 — Quatre Académies, d'après l'antique, dessinées par Reverdin. *3.50*

566 — Apollon et les Muses. 10 grandes pièces dessinées par Reverdin, d'après l'antique. *15.80*

567 — Fleurs, d'après Vandaël. Vues diverses. 12 p. *4*

568 — Duc d'Aumale, Laurent de Médicis, Mort de Roland, etc.; sept pièces.

569 — Onze pièces, d'après Olivier, Ledoyen, Menageot, Laffitte, Hennequin, etc.

570 — Cent huit pièces gravées à l'eau-forte et lithographiées, d'après les tableaux d'artistes français, au xixe siècle, détachées du journal l'*Artiste*.

571 **Graveurs français.** Sept pièces, par H. Vincent et autres.

572 *Missale Romanum.* 1629. Dix sujets de la vie de Jésus et dix feuilles de texte entourées de petits sujets.

573 — Titres de livres. 8 p.

574 — Onze pièces diverses gravées par MM. Forster, Laugier, Bein, Baquoy, Pauquet, etc. Epr. avant la lettre.

575 — Caricature sur Pitt, ministre anglais. On lit au bas : *George se dépitte et signe la paix générale.* Pièce gravée au pointillé.

577 Treize portraits. Henri IV, Louis XIV, etc.

578 Portraits de papes, savants, philosophes, etc. 32 pièces, par Léonard Gaultier, Mellan, Nanteuil, etc.

579 Alexandre VIII, Boileau, Ch. Ozanne, médecin de Chaudret; Joseph Rullier, âgé de 109 ans. 5 p.

580 André Devallius, docteur en théologie. *Le Blond le jeune ex.*

581 Marie de Médicis, saint Vincent de Paul, Dupaty, Dumont, peintre en miniature; Dumont fils, secrétaire de l'Académie des Beaux-Arts; Redouté, peintre de fleurs. 14 p.

582 Vadé, par Fiquet; Lafontaine, La Bruyère, Pascal, Paoli, Mansard et Perrault, Montaigne, Montesquieu, etc. Onze portraits, par Dupont, Audouin, et autres. 2.90 Cl.

583 Carle Vanloo, Varin, graveur en médailles; Paton de Villeneuve, etc. 7 p. 3

584 Mme Le Brun, d'après elle-même; Marine, d'après Vernet; portraits de H. Rigaud, Sevin et Vivien. 5 p. Ep. avant la lettre. Chine. 4

585 Trente-sept portraits, par Fiquet, Crespy, etc. 3.25

ESTAMPES DIVERSES

586 **Marshall** (B.). Le comte d'Arlington et ses chiens, et Francis Dukinfield Astley et ses chiens. 2 pièces gravées par Dean. 2.75

586 bis. **Strange**. Esther devant Assuérus. 4.25

587 **Kaulbac**. Maison de fous, gravée par Amsler. 4.

588 **Snyders**. Tigress, lioness et chiens, et porc-épic. 3 p. 3.

589 — Représentation de la cérémonie du mariage de Mgr le prince de Nassau Weilburg, avec S. A. Mme la princesse Caroline d'Orange et Nassau, le mercredi 5 mars 1700, dans l'église cathédrale de La Haye, gravé par S. Fokke. 10.

590 — Dix-sept pièces diverses. Vues, etc. 4.25

DESSINS

2.50 Cl. 591 **Bandinelli** (Baccio). Études. Deux dessins au bistre.

17 Cl. 592 **Jules Romain.** Jupiter et Léda. Dessin lavé au bistre.

9 Cl. 593 **Guerchin.** Vénus et Adonis. Dessin au bistre.

12.50 Cl. 594 — Paysages, par Guerchin et autres. 7 dessins.

12 Cl. 595 **Leoni, dit le Padouan.** Sept portraits de la famille Mellini. Dessins à plusieurs crayons.

3 Cl. 596 **Londonio.** Dessin au crayon.

3 Cl. 597 **Parmesan** (François). Dessin d'animaux, à la sanguine.

1-75 598 **Procaccini** (Camille). Études. Dessin lavé au bistre.

2. 599 **Tiepolo** (Jean-Baptiste). Trois têtes d'études, à la sanguine, sur papier blanc.

3. 600 — Têtes d'anges et danse d'enfants. Deux dessins au bistre.

5. 601 — Sujets de l'Ancien et du Nouveau Testament. Allégories, études pour plafonds. 15 dessins à la plume.

Cl. 10 602 **École d'Italie.** La Résurrection de Lazare, Moïse sauvé, etc. 5 dessins divers.

Cl. 15 603 — Cinq dessins.

12.50 604 — Franco, Zuccharo, etc. 5 dessins au bistre.

13. 605 — Dix dessins du Dominiquin, Goya, etc.

2-75 606 — Papes, un portrait de cardinal par Ricciolinus. 3 dessins.

[607 — Études faites en Italie par Greenwich, sculpteur, d'après les tableaux de Michel-Ange, Raphaël, Jean Bellin, Massacio, Luini, Giorgion, Titien, etc., etc. 187 dessins au crayon. *10*

608 — Études de pendentifs faits en Italie, d'après les grands maîtres, par Ango. 32 dessins au crayon et à la sanguine.

609 **Bergeret** (Nicolas). La Messe de Saint-Martin, d'après Lesueur. Dessin à la sanguine. *2.25*

610 **Boissieux** (J.-J.). Le Château Saint-Ange à Rome. *1*

611 **Boitard de Paris** (François). Son portrait et deux allégories. 3 dessins à la plume, lavés à l'encre. *5.50*

612 **Callot** (Jacques). Soldats, deux contre-épreuves; cheval mort, Van der Meulen. *2*

613 **Collet**. Innocence et Amour. Dessin à la pierre noire avec la gravure, par Pillement.

614 **David** (Louis). Tête d'étude. Dessin à la sanguine. *3*

615 **Desfriches**. Dessin de paysage à la mine de plomb, sur papier blanc. *3.25*

616 **Deveria** (Achille). Arabe en embuscade. Dessin colorié. *2*

617 **Dorigny** (Nicolas). Deux études d'après Raphaël. Dessin au crayon noir.

[618 **Dughet** (Gaspard). Paysage à la plume et lavé. *4*
619 **Dughet, dit Guaspre Poussin**. Paysages et autres paysages, par Michel Corneille. 5. p.

620 **Géricault**. Le Départ. Dessin à la plume lavé au bistre. Du *Cabinet Greverath*. *9 Cl.*

621 **Ingres** (D'ap. M.). Odalisque. Dessin au crayon noir, fait à Rome en 1817 et donné à M. le chevalier Artaud.

622 **Lagneau**, peintre sous Henri IV. 4 portraits à plusieurs crayons.

623 **Lantara**. Paysage vu au travers d'une grotte. Dessin au crayon, sur papier.

624 **Lebrun** (Charles). Études au crayon et d'après lui, les batailles d'Alexandre. 11 dessins.

625 **Mauzaise**. Portrait de Dumont père, peintre en miniature.

626 **Rouillard**. Dix-neuf dessins. Études d'après divers maîtres et trente-quatre calques, costumes, etc.

627 **Sigalon** *fecit*, 1808. Tête d'étude au crayon noir, du cabinet Rossi.

628 **Vernet** (Joseph). Étude de marine. Dessin à la plume et lavé. Vue de Vernon en 1654. Ces deux dessins par Montaigne. 3 p.

629 **Vernet** (Carle). Son portrait et celui de sa femme. 2 dessins.

630 **École Française**. Le Brun, Hallé, La Rue. 6 dessins.

631 — Rollin, par Chasselat, portrait de cardinal, etc. 3 dessins.

632 — Neuf dessins, vignettes, par divers, huit dessins dito.

633 — Claude le Lorrain, Gaspre Dughet, Patel, Puget. 5 dessins.

634 — Dix dessins.

635 — Onze dessins.
636 — Treize dessins. Vues diverses.
637 **Cuyp** (Albert). Dessin d'animaux au crayon et lavé.

DESSINS DE VUES DE FRANCE

Par les Artistes de la fin du XVIIIe siècle

637 bis. **Lallemand**, Auxerre. Vue générale de la ville, des portes, églises et environs. 13 dessins coloriés.

638 — Franche-Comté, Lons-le-Saulnier, Salins, Arboise, Gray, etc. 14 dessins coloriés.

638 bis. Besançon. 7 dessins coloriés.

639 — Avalon, Saulieu, abbaye de Cluny. 10 dessins coloriés.

640 — Dijon, Plombières, Nolay, etc. 13 dessins coloriés.

641 — Bourg en Bresse, en Franche-Comté. 8 dessins coloriés.

642 — Autun. Vues de cette ville, des monuments et ses environs. 21 dessins coloriés.

643 — Beaune. Vue de la ville et de ses environs. 15 dessins coloriés.

644 — Mâcon, porte Saint-Laurent, cathédrale, etc. 5 dessins coloriés.

645 — Chalon-sur-Saône. Vues générales, cathédrale, etc. 12 dessins coloriés.

646 **Daubigny**. Vue de la Chartreuse des ruines de l'amphithéâtre de Bordeaux, vues de Bastia en Corse, vue de Clermont, en Beauvoisis. 6 dessins, lavis à l'encre.

647 **Leveau**. Vues prises au bord de la Seine. Passy, Gros-Caillou, le Louvre, etc. 13 dessins à la plume et au crayon.

648 **Meunier**, architecte, 1792. Diocèse du Puy en Velay; vue du château de Bouzole, près de la ville du Puy; vue du château de Veaux, où repose le corps du maréchal Devaux; vue d'une Chartreuse, rocher de Saint-Michel; temple d'Egaelle; l'abbaye de Doue; place du Fort, au Puy, où se donne la bénédiction tous les premiers dimanches de chaque mois; Balsate attenant la Montagne des Dames. 8 dessins coloriés.

649 — Fréjus. Reste du phare et des murs du port construits par les Romains; l'Arc doré, les restes des fortifications, aqueducs, colonnes antiques et Panthéon, à Riez. 7 dessins coloriés.

650 — Nismes. Porte de France, château de Boncoiran, à quatre lieues de Nismes; le fort de Nismes, Mas de Ville; le Bassin des Romains, Fontaine de Nismes; temple de Diane; Canal de la Fontaine, à Nismes; la Tour Magne et antiquités de Saint-Remy. 9 dessins, 5 coloriés.

651 — Vue de la ville d'Alais, capitale des Cévennes; grotte de Ville-Crosse, département du Var; vue de Saint-Pons, aqueduc qui conduit des eaux à Aix; vue de Notre-Dame-des-Anges. Cette maison d'oratoriens est située sur une montagne, la plus élevée de la Basse-Provence, elle sert de reconnaissance aux navires venant d'Espagne; tombeau à Aix. 8 dessins coloriés.

652 — Eglise de Notre-Dame-de-Grâce, d'Arles; vue du sommet de la colline de Sainte-Victoire, à deux lieues d'Aix; la chute de Sillons; cataractes de la Rivière d'Argent. 5 dessins coloriés.

653 — Salon d'Istrie; Beaux; Saint-Pierre, à un quart de lieue d'Istrie; canal sur la route d'Aix; château de Labatue et château de Roussillon, près de Vienne. 10 dessins coloriés.

654 — Châteaux d'Aujargues de Monty, de Vauvenargues, de Gemenos du Tolouet, du Luc, en Provence. 6 dessins coloriés.

655 Savart. Vues à Mézière, en Champagne; Chartreuse du Mont-Dieu, à Sedan; Fontaine de Vaucluse; pont du Saint-Esprit; Moulin à Lodève, etc. 9 dessins coloriés.

656 Tavernier de Junquières. Vue de la ville de Noyon. Ses monuments et ses environs. 18 dessins coloriés.

656 bis. Soissons. Ses monuments, ses environs. 31 dessins coloriés.

657 — Vues de la Ferté-Milon, Crépy, Bourg-Fontaine et autres du département de l'Oise. 32 dessins coloriés.

658 — Vues du château et jardin d'Ermenonville, 7 dessins coloriés.

659 — Vues de la ville et du château de Compiègne. 12 dessins coloriés.

660 — Châteaux du président de la Marche, du comte de Montrevel, à Mâcon; de Nanteuil, de Sournois de Villeneuve, près Soissons; de Varches, près Noyon; de Palluau en Vendée, etc. 9 dessins coloriés.

661 — Poitiers, Niort, Vallée des Sables d'Olonnes, Chatellerault, châteaux de Saint-Luc en Poitou, château de Choué (Loir-et-Cher). 18 dessins coloriés.

662 — Jardin des Plantes, vue de l'abbaye des Bernardins, de la halle aux Veaux, à Paris, vue de la plaine Saint-Denis. 5 dessins coloriés, par Hilaire, Lallemand, Daubigny, etc.

663 — Vues en Dauphiné, Grenoble, Sassenage, Pont en Royan, château de Beauvoir, château Bayard, antiquités, minéraux. 30 dessins coloriés et lavés à l'encre.

664 — Armoiries, deux dessins par Le Barbier, et quatre dessins d'après les tableaux de Pietrè de Cortone, Quentin, Carrache, etc., qui étaient à Autun, à Gray et à Dijon, par Lallemand.

665 — Vue générale de la manufacture de glaces de Saint-Gobain; vues de Rouen, aqueduc des anciens Romains, à une lieue de Lyon; vue de Clermont en Beauvoisi. 7 dessins coloriés, par Lallemand, Demay, Junquières, etc.

666 — Vues prises aux environs de Paris, à Charenton, Conflans et vues des Andelys, etc. 30 dessins au crayon et lavés au bistre.

667 — Un lot de croquis, vues diverses de France, et des notes et observations manuscrites sur un voyage en Auvergne, etc.

668 — Vues des plus beaux édifices publics et particuliers de la ville de Paris, dessinés par Durand, Garbizza et Mopillé, architectes, et gravés par Janinet, etc. 1 vol. in-fol. oblong, contenant 88 planches (Collection fort rare à trouver complète).

669 — Les mêmes vues imprimées en couleurs. 33 pièces, tirées de l'ouvrage précédent ; plus, six petites, également imprimées en couleurs (Rares.)

SUPPLÉMENT

ÉCOLE D'ITALIE

2.25   670 **Bartolozzi**. Portraits de C. Maratti. An. Carrache, etc. Six portraits imprimés en bistre.

4.25   [671 **Beatrizet** (Nicolas). Iphigénie. Belle épr.
       672 **Bonasone** (Jules). Mercure et les filles d'Aglaure (102). Nymphes et Tritons (173). Le triomphe de l'Amour (106). 3 p.

1.75   673 **Camaïeux**, par André Andréani. 4 p.

1   674 **Franco** (Baptista). Triomphe de Bacchus. Triomphe de Silène, d'après des bas-reliefs antiques Pièce libre.

1   675 **Leonic dit le Padouan**. Le Bernin. Belle épr.

4.50   676 **Maître au dé**. Cinq pièces de la Psyché. Epr. avant les adresses de Salamanque.

2   677 — Trente-cinq pièces de la fable de Psyché. Plusieurs doubles.

2.50   678 — Onze de la même suite.

2.75   679 — Cérès, le fleuve Pené. 3 p.

680 **Manteigne** (André). Vierge et Enfant Jésus. Pièce rare. — 26 cl.

681 — Le triomphe de Jules César, gravé en camaïeu par André Andréani. 9 p. d'après Manteigne. — 19 cl.

682 — Jésus descendant aux limbes, gravé d'après Manteigne, par Kartarus, en 1566. — 4

683 — Achille, Troylus, Pyrrhus et Thésée, quatre guerriers, par un vieux maître, dans le goût de Manteigne. Rare.

684 — Fac-Similé de dessins d'André Manteigne. 24 p., par Novelli. — 3.50

685 **Marc-Antoine**. La chasse aux lions, avant Ant. Sal. ex. — 2.25

686 **École de Marc-Antoine**. Jeune homme dévoré par des serpents. Ant. Sal. ex., 1542.

687 **Morghen** (Raphaël). Portrait de Raphaël. Belle épr. — 8.50

688 **Schiavonetti**. Le carton de Pise, d'après Michel-Ange. — 2.25

689 **Sintes** (J.-Bapta). Cabinet de numismatique des papes au Vatican. — 2.50

690 **École italienne**. Le buisson ardent. Plafond du Vatican. La Fornarina. 3 p.

691 — Sainte Famille, par Procaccini, 1593. Autres sujets, par Fialetti, etc. 4 p. — 1.75

692 — Saint-Jérome, par un vieux maître italien. — 2.25

693 — Fac-similé de dessins. Portraits de Leone Ghezzi. 4 p. dont un dessin.

694 — Six pièces d'après Raphaël, Francia, Titien et autres. — 4.25

695 — Portraits de peintres, peints par eux-mêmes, qui sont à la galerie de Florence, gravés par Pazzi. 38 p.

696 — Angelica Kauffmann, W. Woollett, graveur, etc. 5 p.

697 — Peintres et Sculpteurs italiens. 9 p.

698 — Raphaël, Michel-Ange, Parmesan, Massaccio. 4 p.

699 — Peintres italiens. 11 p.

700 **Laurus** (Jacobus). Sigismond III, de Pologne.

ÉCOLE FRANÇAISE

701 **Briot** (Jean). Grégoire XV, pape, et Urbain, pape, par Lucas Kilian. 2 portraits. Belles épr.

702 **Cochin** (Nicolas). Mariette, duc de la Vallière; Boucher, peintre; Blanchart, maître de musique; Jombert, libraire; Le Blanc, historiographe du Roy; Mathieu Radix et sa femme, et Sophie Lecouteulx du Moley. 8 portraits gravés par Saint-Aubin et autres.

703 Vingt-neuf portraits de personnages français de la fin du XVIII siècle, gravés par Saint-Aubin, Watelet, Moitte, Cathelin, etc.; d'après les dessins de N. Cochin.

704 **Cochin** (C.-N.). L'intérieur d'un parc, d'après Ant. Watteau. — 4.50
705 **Corneille** (Michel). Sainte Famille. — 1.75
706 **Duflos**. Sainte-Cécile, d'après le Dominiquin. Belle épr. — 1.50
707 **Dupuis** (Charles). Le philosophe marié, d'après Lancret. — 5.50
708 **Edelinck** (Gérard). Nanteuil, Gherardi, Arnauld, Simon, Tortebat, etc. 5 portraits plus un, par Nanteuil. — 5.50
709 **Forster**. Albert Durer, d'après ce maître. — 1.75
710 **François** (Alphonse). Le Titien, d'après ce maître. — 1.50
711 **Gelée, dit le Lorrain** (Claude). Le Gué. Très-belle épreuve. — 8 *Rochoux*
712 **Gros**. Un Arabe. Pièce lithographiée. — 1
713 **Huret** (Grégoire). Pièce allégorique. — 2.25
714 **Larmessin**. Raphaël et son maître d'armes, d'après Raphaël. — 1.75
715 **Lignon**. Mlle Mars. Epr. avant la lettre. — 6.50 *Fournier*
716 **Masson** (Antoine). Marin Cureau de la chambre, d'après P. Mignard. Très-belle épr. du 1er état, avec l'adresse de Mariette, 1662. — 8.50 *Loiselet*
717 **Morin** (Jean). La Vierge et l'Enfant Jésus, d'après Champagne. Belle épr. rare. — 4.25
718 **Nanteuil**. Portrait de Lavardin ? — 1
719 **Salvador Carmona**. Le père et la mère du graveur; Victor-François, duc de Broglie. 2 pièces. — 3.50 *Loiselet*
720 **Tardieu** (Nicolas). La Sainte Vierge, d'après Luigi d'Assise ; la Circoncision, d'après Jules Romain, par Lépicié. 2 pièces.

721 **Vallet** (Guillaume). Sainte Famille, d'après S. Bourdon; Sainte Famille, d'après C. Maratte.

722 **École française.** Onze pièces. Portraits et sujets, Lethière, Nocret, Pujet, etc.

723 — Livre de portraiture du Poussin. 37 pièces gravées par Pesne et autres.

724 — Ant. Coypel, Fr. Verdier, Jean Jouvenet, peintres français; Cazes. 4 pièces.

725 — Sept portraits, dont celui de Clément Marot.

726 — Cardinal de Polignac; Gontaut Biron, maréchal de France; Thomas Corneille, etc. 4 pièces.

ÉCOLES FLAMANDE
& HOLLANDAISE

727 **Fock** (Harmans). Paysage à l'eau-forte. 5 pièces.

728 **Jegher** (Christophe). Hercule terrassant l'Hydre, d'après Rubens. Pièce gravée en bois. Rare.

729 **Jode** (Pierre de). Jésus donnant les clefs à saint Pierre, d'après Rubens. Belle épr. *Mart. Vanden Eden excudit.*

730 **Lucas de Leyde.** La petite Laitière, 1520.

731 **Marinus.** Fuite en Égypte, d'après P.-P. Rubens. Belle épr.

732 **Neefs** (Jacques). Le Satyre chez le paysan, d'après J. Jordaens.

733 **Pontius** (Paul). Jacob Roelans. Très-belle épr.   2.25
734 — Marie de Médicis, d'ap. Ant. Van Dyck. Très-belle épr.   1.50
735 — Portraits de Rubens et celui de Van Dyck, entourés de figures allégoriques, peints par Ant. Van Dyck et dessinés par Quélinus.   3
736 **Pontius** (Paul). Léopold-Guillaume et divers portraits. 5 pièces.   1
737 **Rembrandt**. Baptême de l'Eunuque. Belle épr.   .5 cl.
738 **Rickmans** (Nicolas). Achille, à la cour de Lycomède, reconnu par Ulysse, d'après Rubens. Belle épr.   3
739 **Sadeler** (Jean et Raphaël). Les Quatre Saisons, d'après le Bassan. Belles épr.   4.25
740 **Sompelen** (Van). Jésus à table avec les pèlerins d'Emaüs, d'après Rubens.   1.50
741 **Wisscher** (Corneille). Intérieur hollandais, d'après Ad. Van Ostade. Sujet dit les Patineurs. Belle épr. avec l'adresse de *Nicolaus Wisscher excudit*.   2.25
742 **Écoles flamande et hollandaise**. Six pièces, d'après Ruisdaël, Téniers, etc.   1
743 — Portraits de peintres flamands et hollandais, publiés par J. Meyssens. 22 pièces. Belles épr. avec l'adresse de Meyssens et avant l'écriture derrière.   3.75
744 — Peintres allemands, flamands et hollandais. 16 pièces par Wierix, Hondius et autres.   2.25
745 — Peintres allemands, flamands et hollandais. 15 pièces.   6.

ÉCOLE ANGLAISE

746 — Lord Byron, gravé par Wedgwood, d'après W. West.

747 — Le Petit Commissionnaire, d'après Woodward; deux jeunes filles, d'après Reynolds. 3 pièces par Smith et Girardet.

748 — Mme Dubarry. Portrait en manière noire, avant toute lettre.

749 — Portrait présumé celui de Mme de Pompadour. Manière noire, avant toute lettre.

750 — Guillaume V, prince d'Orange, Reynolds, lady Spencer. 4 pièces en manière noire.

751 — Des portefeuilles et tous les articles omis.

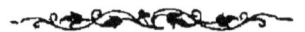

www.ingramcontent.com/pod-product-compliance
Lightning Source LLC
Chambersburg PA
CBHW050019230526
45470CB00003B/1034